कच्ची कविताएँ
KACHHI KAVITAYEN

राहुल श्रीवास्तव

Copyright © Rahul Shrivastava
All Rights Reserved.

ISBN 979-888591432-1

This book has been published with all efforts taken to make the material error-free after the consent of the author. However, the author and the publisher do not assume and hereby disclaim any liability to any party for any loss, damage, or disruption caused by errors or omissions, whether such errors or omissions result from negligence, accident, or any other cause.

While every effort has been made to avoid any mistake or omission, this publication is being sold on the condition and understanding that neither the author nor the publishers or printers would be liable in any manner to any person by reason of any mistake or omission in this publication or for any action taken or omitted to be taken or advice rendered or accepted on the basis of this work. For any defect in printing or binding the publishers will be liable only to replace the defective copy by another copy of this work then available.

Dedicating this book to my parents.

क्रम-सूची

प्रस्तावना	vii
भूमिका	ix
1. माँ	1
2. मेरे देश को नज़र लग गयी किसकी ?	4
3. सरहद के सिपाही	6
4. खामोश सवाल	8
5. नारी तू नारायणी (खामोश सवाल का जवाब)	9
6. राह की तलाश में राही	11
7. महानगर	13
8. बेज़ुबान हैं ये बेज़ान नहीं	15
9. ज़िंदा होके भी तुमने क्या ही किया ?	17
10. कागजी परिंदा	19
11. तो जिंदा हैं हम	21
12. बेघर मुसाफिर की मंजिल कहाँ है ?	22
13. वो आधी खुली खिड़की	24
14. अपराधी	26
15. कश्ती कागज की	27
16. बहुत तन्हा है ये शाम	29
17. ख्वाबों का शहर	30
18. मैं तेरा गुन्हेगार	31
19. जो कहना है कह दो !	33
20. संवाद	34
21. नया कायदा	36
22. नया साल कुछ नए हम	37

• v •

क्रम-सूची

23. इश्क़ एक तरफ़ा 39

24. बेशरम इश्क 40

25. किताब का फूल 41

26. Happy Independence Day 42

प्रस्तावना

"ये कविताएँ हो सकता है, आपको पसंद ना आएं ,

हो सकता है ये, आपके दिल को भा जाएँ ,

किसी को अपने किसी की, याद दिला जाएँ ,

भूले हुए वो राह अपनी, शायद घर वापिस आ जाएँ ,

शायद देखने का नजरिया बदल जाएँ ,

दर्द किसी का शायद महसूस कर जाएँ ,

बहुत बड़ा प्रयास नहीं सिर्फ छोटी सी कोशिश है,

ये कोई महान लेखन नहीं सिर्फ कच्ची कविताएँ है । "
- राहुल श्रीवास्तव

भूमिका

में कोई कवी या लेखक नहीं हूँ , ऐसा भी नहीं कि बहुत कुछ जानता ही हूँ,

बस जो दिल में आता है कह देता हूँ , जो कह नहीं पाता लिख देता हूँ,

बड़े कवी की कविताएँ बड़ी होती हैं , जो लिख देते हैं पंक्तियाँ वो पंक्तियाँ अटल होती हैं ,

कच्ची मिट्टी के बर्तन तोड़े जा सकते हैं , गला कर फिर से बनाये जा सकते हैं ,

कच्चे रास्ते घर तक ले जाते हैं , जहाँ जरुरत हो वहां मोड़े जा सकते हैं,

कच्ची कैरी अचार में काम आती हैं , बाकि बची बाद में मीठा आम बन जाती हैं,

मेरी कविताएँ कुछ ख़राब कुछ अच्छी हैं , में भी कच्चा हूँ ये भी कच्ची हैं।

-राहुल श्रीवास्तव

1. माँ

पहले पहल जब आँख खुली , तो आवाज़ आयी '**बेटी हुई है**',
मैंने देखा मुस्कुराती हुई माँ, मेरे बाजू में लेती हुई है।
माँ के सीने से लगी मैं सोच रही थी , क्या कोई अनहोनी हुई है ,
इतनी खुशियां इतनी बधाइयाँ, '**बधाई हो लक्ष्मी हुई है**'।

मेरे छोटे - छोटे हाथों को सहलाती , बार-बार मेरे माथे को चूमती ,
अपने रक्त से मुझे जन्म देकर , आज मेरी माँ पैदा हुई है।
मैं रो रही थी , आंसू माँ के भी बह रहे थे ,
मैं आने की ख़ुशी में , वो मुझे पाने की ख़ुशी में।
मैं कब जागती कब सोती , इसकी तो मुझे खबर नहीं है ,
पर माँ की लाल आँखें कह रही हैं, माँ कई दिनों से सोई नहीं है।

मेरा रोना किलकारियों मैं बदल गया ,
कैसे हर दिन पल भर मैं निकल गया।
सोने के कड़े हाथ की चूड़ियां सिमट गयी हैं ,
नानी कहती हैं, '**ये मेरी बेटी का कंगन बन गयी है**'।

छोटी- छोटी आँखों से , दुनिया दिखती नयी-नयी है ,
ये उजला आसमान ,ये रंग बिरंगे फूल ये तितलियाँ।
रोने लगती हूँ , जैसे ही माँ आस-पास दिखती नहीं है ,

सारी दुनिया एक तरफ , मेरी माँ जैसा कोई नहीं है।

छन-छन छन-छन की आवाज़ , घर से आने लगी है ,
मैं इधर मैं उधर ,पूरा घर है तितर -बितर।
न खाने का समय , ना बनने संवरने का समय ही है ,
माँ को देखो तो लगती , किसी नन्ही शैतान की सताई हुई है।

पूरी दुनिया से माँ मुझे बचाती है ,
जो ना दिखे उससे बचने को काला टीका लगाती है।
मेरी तोतली जबान जाने कैसे समझ जाती है ,
मैं ना भी बोलूं तो भी वो सब सुन पाती है।

जीवन के हर दौर का , माँ ने ही परिचय करवाया है ,
जाती हूँ जहाँ कहीं भी , मेरे साथ चलता माँ का ही साया है।
वो मेरी माँ मेरी गुरु , मेरे लिए एक पहेली है ,
मेरे हर दर्द की दवा , मेरी माँ मेरी सहेली है।

कभी जो घर आते , देर हो जाती थी ,
माँ मेरी उस माँ , के आगे दीप जलाती थी।
माँ का क्या मतलब ,ये माँ ही समझ पाती है ,
मेरी माँ बचपन मैं मेरे जैसी ही थी , ये नानी मुझे बताती है।

वह घर से निकलते हुए , हर बार माँ से लिपट जाती हैं ,
बेटियां माँ से मिलने ही तो , घर बार-बार आती हैं।

अपनी हर समस्या हर मुश्किल, माँ को सुनाती हैं ,
टूट गयी हों ज़िन्दगी मैं कितना भी , बस माँ से ही कह पाती हैं।

आज दुनिया मुझे ,एक बड़ी शख्सियत बुलाती है ,
हर बेटी को , उसकी माँ ही पहचान बनाती है।

घर से दूर , इस शहर में अकेली नहीं हूँ मैं ,
सामान के साथ , माँ का रुमाल साथ लाई हूँ मैं।
जब परेशानियों समस्याओं से ,घिर जाती हूँ मैं ,
माँ के रुमाल को, सीने से लगा के सो जाती हूँ मैं।

"बड़े किस्मत वाले होते हैं वो , जिन्हें माँ की गोद नसीब होती है,
माँ जागती है , तभी तो बेटियां चैन से सोती है।"

2. मेरे देश को नज़र लग गयी किसकी ?

अपने अपनों से उलझ रहे हैं , अपने अपनों से झुलस रहे हैं ,
अपनी जड़ों को खोद रहे , बातों में आके तुम किसकी ।
पत्थर उठा रहे वो हाथ, जो थामते थे मीठी चुस्की।
मेरे देश को नज़र लग गयी किसकी ?

❦❦❦

देश क्रिकेट का जश्न मन रहा है,
मजदूर घर पर किसान सड़कों पे नज़र आ रहा है,
जो हाथ थामते थे हल वो हथियार उठा रहे हैं,
चलचित्र वाले चेहरे ट्विटर चला रहे हैं ,
अपने ही इज्जत उछाल रहे देश की ।
मेरे देश को नज़र लग गयी है किसकी ?

❦❦❦

आज़ादी की परिभाषा क्या है,
आओ तुम्हें में समझता हूँ ।
ये देश नहीं भारत माता है,
इसका मतलब बतलाता हूँ ।
कालापानी गए फांसी चढ़े , खेल गए खून की होली,
भारत माँ की लाज बचाते वो मतवालों की टोली।

आज़ादी आज़ादी का शोर मचाते, मांग रहे ये आज़ादी तुम किसकी ?
आज़ादी आज़ादी - आज़ादी आज़ादी , आज़ादी के शोर में देश ले रहा है सिसकी
मेरे सोने की चिड़िया को, ये नज़र लग गयी है किसकी,
मेरे देश को नज़र लग गयी है किसकी ?

3. सरहद के सिपाही

तुझे झूले में झुलाया , जब रोया तो गले लगाया ,
सब खेले खिलौनों से , तूने तिरंगे से दिल लगाया ,
कोई बड़े शहरों में , तो कई विलायत चले गए ,
कोई पैसों के पीछे दौड़ा , तो कई मकानों में लग गए।

अपनों की जिम्मेदारी उठाते हैं सभी ,
तुम सब कुछ छोड़ देश की जिम्मेदारी ले गए।
तू आगे बढ़ता गया , हम पीछे रह गए ,
जाते वक़्त सामन ज्यादा था , तो माँ के लड्डू रखे रह गए।

"माँ यहाँ का मौसम बड़ा सुहाना है , किसी दिन तुमको ये दिखाना है ,
पापा आपका बेटा अब आगे बढ़ गया है , हुंकार से उसकी दुश्मन भी डर गया है,
छोटी तेरे लिए खुशियां भर लाऊंगा , जो छुट्टी मिली तो सीधे घर आऊंगा,,,,"
सर्द रातों में लिखे तुम्हारे , खत ये सारे लिखे के लिखे रह गए।

घर सजे द्वार सज गए , पीले हाथ मेहँदी से रच गए ,
माँ बुनती रह गयी सेहरा , कदम वो सरहद पे ही थम गए ,
बूढी आँखों का सहारा , तुम सरहद पर शहीद हो गए ,

देखे थे जो ख्वाब ,वो ख्वाब सारे अधूरे ही रह गए।

❦❦❦

"ये कुर्बानियां किसी पे एहसान नहीं है ,
कोई याद रखे ये भी अरमान नहीं है ,
चल दिए वहीं, जहाँ साथी पहले चले गए हैं ,
हो सके तो देख लेना , पीछे माँ बाप अकेले रह गए हैं।"
-सरहद के सिपाही

❦❦❦

"कुछ कहे कुछ अनकहे रह गए ,कुछ सुने कुछ अनसुने रह गए ,
ख़त्म होते तो कुछ बात होती ,किस्से ये सारे अधूरे ही रह गए। "

4. खामोश सवाल

ख़ामोशी को मेरी हाँ मत समझ, में तो चुप हूँ कई सदियों से,
मेरी आहों को मेरी चाह न मान , में लुटी हूँ गैरों से अपनों से ।
में संभालती हूँ घर, में घर को घर बनाती हूँ,
इन उधेड़ती निगाहों से , बदन भी में छुपाती हूँ।

ये ड्रेस छोटी है, इसका गला बड़ा है ,
अरे तुम तो अकेली हो कैसे जाओगी - बाहर अँधेरा बड़ा है ।
में क्यों हसती हूँ , क्यों इन जालों में फसती हूँ,
कुछ शुन्य में बिक जाऊं, क्या में इतनी सस्ती हूँ ।

अनजान था वो हैवान था, वो साथी था वो हमराही था ,
वो बाप था वो बेटा था , वो उम्र में मुझसे छोटा था ।
जिसे निर्भय होना था, वो निर्भया बनी ,
फूल सी मासूम वो , भेड़ियों का भझण बनी ।

देवियोंकी भूमि में, देवियों का हाल ये ,
मेरी बच्ची आज़ाद घूमेगी कब, है मेरा ये सवाल ये ,
मेरी बच्ची आज़ाद घूमेगी कब, है मेरा ये सवाल ये ?

5. नारी तू नारायणी (खामोश सवाल का जवाब)

खामोश चिंगारी को हवा दो , ये ज्वाला बन जाएगी
पामर का संहार करेगी , ये तांडव मचाएगी ।

❦❦❦

तू अबल नहीं अटल रहे , इरादों में सफल रहे ,
तू आग सी धधक उठे , लपट उठे चिंघाड़ के ।
विराट रूप रख उठे , तू छवि महाकाल की,
तू सती नहीं सीता नहीं , तू चिता बने प्रमाथ की।

❦❦❦

तू हार ना - २ हाहाकार बन , दुष्ट दलन करे वो सवार बन,
भेड़ियों की भीड़ में ,तू शेरनी सी राज कर,
वहशी आँख नोंच ले, बेख़ौफ़ वो बाज बन ।

❦❦❦

तू अकेली सही असहाय नहीं , खुद को कर बुलंद की तेरा कोई पर्याय नहीं,
अपनी जंग अब खुद लड़ेगी , अब किसी कृष्ण का और इंतज़ार नहीं -२

❦❦❦

माता भी तू बेटी भी तू, दुर्गा भी तू काली भी तू ,

तू ममता की छाँव , तू तोतली जबान हैं,
तू प्यार की मिसाल ,तू कृति बेमिसाल है,
नारी नहीं नारायणी है तू ,तुझे मेरा नमस्कार है -2

6. राह की तलाश में राही

इस कड़ी धुप में एक अदद छांव ढूंढ़ता हूँ , राही हूँ में अपनी राह ढूंढ़ता हूँ ,
कभी घर छोड़ा था घर की तलाश में , अब इन शहरों में अपना गाँव ढूंढ़ता हूँ ।

❦❦❦

जो होता था किसी का सूरज किसी का चंदा ,
अब सितारों की भीड़ में , वो खोया हुआ चाँद ढूंढ़ता हूँ ।

❦❦❦

शगुन का वो सिक्का , जो मेरी शामें अमीर कर देता था ,
दो पल की खुशियां दे दें , इन दौलतों में मैं वो सिक्का ढूंढ़ता हूँ।

❦❦❦

वो गाड़ी का हॉर्न बजाना, पिछली सीट पे मुझे बिठाना ,
मेरे लिए लड़ जाना , ढाल मेरी बन जाना ।
इस फ्रेंडज़ोन की दुनिया में , एक फ्रेंड ढूंढ़ता हूँ ,
जो साथ दे होने तक अस्त , वो दोस्त ढूंढ़ता हूँ ।

❦❦❦

अक्सर वो रेलगाड़ी जरा देर से आती थी , भूँक हमको बड़ा सताती थी ,
नज़रें दुकानों पर होती थी , पर माँ खाना घर ही से लाती थी ।

चंदामामा चम्पक नंदन ,सुमन-सौरभ नन्हे सम्राट वाली कहानिया ढूंढ़ता हूँ ,
अपने इस काले चश्मे से में , वो रंगीन बचपन ढूंढ़ता हूँ ।

❧❧❧

दीवारों से कमरे कमरों से मकान बन गए ,
दूर होते गए जमीं से, शीशे के ये फ्लैट आलीशान बन गए ।
वह पहली बारिश वो मिटटी की खुशबू , वो आम का पेड़ वो हाथ में गुलेल ,
वो इतराती इठलाती पीछे मुझे भगाती , मुझे अपना जहाजी बनाती वो कागज़ की नाव ढूंढ़ता हूँ ।

❧❧❧

उन गुज़रे हुए पलों में ज़िंदगी थी , अब हर गुज़रते हुए पल में ज़िंदगी ढूंढ़ता हूँ ,
सुकून के दो पल मिल जाएँ , बस एक वो शाम ढूंढ़ता हूँ।
इस कड़ी धुप में एक अदद छांव ढूंढ़ता हूँ , राही हूँ में अपनी राह ढूंढ़ता हूँ ,
कभी घर छोड़ा था घर की तलाश में , अब इन शहरों में अपना गाँव ढूंढ़ता हूँ ।

❧❧❧

7. महानगर

"नन्हों को खिड़कियों से झांकते देखा है, मैंने लोगों को अक्सर यहां भागते देखा है।
सुबह को शाम - शाम को रात में, मैंने महीनों को सालों में उम्र को गुज़रते देखा है।"

"मिट जाती वो भूंक रोटी के चंद टुकड़ों से, मैंने इंसान को यहां इंसान खाते देखा है।"

"छंटते थे बादल फैलती थी धूप की चादर कभी, मैंने खिड़कियों से झाँकती एक किरण को आज देखा है।"

"गुलामी की जंजीरों को तोड़कर ये कौनसी गुलामी कर बैठे, चंद सिक्कों की खातिर मैंने लोगों को गुलाम होते देखा है।"

"एक जवान सुबह को, एक हसीन शाम को ढलते देखा है, मैंने जिंदगी को ,हर रोज़ कत्ल होते देखा है। "

"मैं अजनबी हूं कई सालों से यहां, मैंने इस शहर को रोज बदलते देखा है।

मेरी आँखों को खोलकर सोता हूं अब, मैंने रातों को अक्सर यहां जागते देखा है। "

"खो नहीं सकता मैं , अपना पता अब भी याद है मुझे,
मैंने अक्सर शहरों को, भीड़ में खोते देखा है।"

8. बेज़ुबान हैं ये बेज़ान नहीं

"पिंजरे में रहने वाले का, मर्म कहाँ तुम सुन पाते हो,
ऊंचे गगन में उड़ने वाले का, दर्द कहाँ तुम सह पाते हो।"

"गुर्राता दौड़ता घात लगाता, अब दहलीज तक सिमट गया है,
भेड़िये का वंशज वो, एक छू पर दौड़ा ठहर गया है। "

बेज़ुबान हैं ये बेज़ान नहीं, तेरे दिए दर्द से हैं अंजान नहीं।"
"एक जान को तूने जान ना मानकर, अपना खेल बनाया है।
लाचार वो जिसके मुख को तूने, बारूद भरकर उड़ाया है।"
"धिक्कार है उस माँ की कोख को, जिसने ये पिशाच उगाया है।
कहता तू उसे जानवर है, जिसने तुझे इंसान बनाया है। "

उसके खून की गर्मी को, कभी तू भी महसूस करता है।
जब खाल को लिपटा अपने तन से, तू जाम पे जाम भरता है। "
"उसके फ़र में फिरने वाले हाथ तेरे वो खूनी हैं,
अभी वक़्त रहते सुधर जा वरना होनी अब अनहोनी है। "

मैं क्या कर सकता हूं, सिर्फ कह सकता हूं,
लेना क्या है तू खुद सोच ले, आखिर तू ही तो खरीददार है ।"

"तेरी एक ना के बदले, किसी का बच्चा बच जाएगा।
तेरा तन तो कपड़ा ढक लेगा, किसी का तो तन बच जाएगा।"

9. ज़िंदा होके भी तुमने क्या ही किया ?

जी रहे हो जो तुम मरने के इंतज़ार में,
तो ज़िंदा होके भी तुमने क्या ही किया ।

❦❦❦

जो हसे तुमको एक अरसा हुआ ,
जो देखा नहीं वो बादल बरसता हुआ,
जो किसी की याद में दिल में तेरे गम न हुआ ,
तो ज़िंदा होके भी तुमने क्या ही किया ?

❦❦❦

किसी से इश्क़ का इज़हार ना किया,
जो इश्क़ किया बेशुमार ना किया,
जो था दिल में वो इकरार ना किया,
तो ज़िंदा होके भी तुमने क्या ही किया ?

❦❦❦

मर जाओगे घुट-घुट कर एक दिन ,
जिनके लिए मरते रहे तुम उम्र भर ,
जाते ही तुम्हारे वो रुकेंगे नहीं पल भर ,
जो जीते जी इस ज़िन्दगी को ना जी लिया ,
तो ज़िंदा होके भी भी तुमने क्या ही किया ?

❦❦❦

कच्ची कविताएँ

10. कागजी परिंदा

ऊंचे आसमान से बात करना , हवा में उड़ना गोते लगाना ,
उड़ना गिरना फड़फड़ाना, फिर से उड़ जाना चाहता हूँ ।
किसी मचलते केश की तरह, बनना बिगड़ना फिर से बन जाना ,
हवा में तैरते, उन पंक्षियों के वृंद का हिस्सा बन जाना चाहता हूँ ।

आँधियों से डर नहीं लगता , तूफानों का आदी हूँ में,
इस पल-पल बिगड़ते मौसम में , मैं भी बिगड़ना चाहता हूँ।
अभी नहीं अब नहीं , कभी नहीं कब नहीं ,
ऐसे नहीं वैसे नहीं , इन जुमलों के जुल्मों से बचना चाहता हूँ।

वो सामने की दीवार, और दीवार पे लटकी घड़ी,
पल-पल याद दिलाती है , आया था मैं किस घडी।
इन दीवारों की सीलन , ये बंद कमरे की घुटन ,
इस कराहते पंखे से जलन , उड़ नहीं तो कम से कम दो कदम
चलना चाहता हूँ।

इस धूल चढ़े शीशे से , कुछ धुंधला- धुंधला नज़र आता है मुझे ,
अरसा हुआ ज़िंदगी से रूबरू हुए , उन उँगलियों को फिर से छूना
चाहता हूँ।
उस खिलखिलाते चेहरे ने बनाया था मुझे , अब आईने की कैद में
हूँ ,

बेजुबान मैं एक कागजी परिंदा हूँ , अब बेजान बनना चाहता हूँ।

11. तो जिंदा हैं हम

सिर्फ सांसे लेना ही सबूत है जिंदगी का.........तो जिंदा हैं हम।

सिर्फ ग़मों को छुपाकर मुस्कुराना ही है जिंदगी....तो जिंदा हैं हम।

अपनी यादों मे खुद उलझ जाना ही जिंदगी है...तो जिंदा हैं हम।

ज़ख्म रुह पर हों और मरहम जिस्म पर लगाना जिंदगी है...तो जिंदा हैं हम।

आज़ाद ख़याल हों पर हर रोज़ बंध जाना ग़र जिंदगी है...तो जिंदा हैं हम।

दिल की बात लबों तक ना आ पाना ग़र जिंदगी है..तो जिंदा हैं हम।

फेहरिस्त बड़ी लंबी हो पर हर बात ना लिख पाना ग़र जिंदगी है...तो....जिंदा हैं हम।

12. बेघर मुसाफिर की मंजिल कहाँ है ?

बेघर मुसाफिर की, मंजिल कहाँ है ,
आज रात यहाँ ,कल रात कहाँ है।

फैला पड़ा ये , सारा जहाँ है ,
सवाल ये मुश्किल है , कि आगे जाना कहाँ हैं।

बेघर मुसाफिर की, मंजिल कहाँ है।

कुछ पुरानी यादें, कुछ अधूरे किस्से,
दिल पर है बोझ ,बस इतना ही सामान है।

नए नए रास्ते, पर एक बात समान है ,
मिलते हैं कई , पर सबके सब अनजान हैं।

बेघर मुसाफिर की, मंजिल कहाँ है।

कौन है जो याद करेगा ,करे इंतज़ार ऐसा कोई कहाँ है ,
सफर ही सफर है ,बेघर मुसाफिर की मंजिल कहाँ है।

13. वो आधी खुली खिड़की

वो आधी खुली खिड़की , जीवन का संकेत बन जाती है ,
बंद पड़े मकान की जब , खिड़की आधी खुल जाती है।

वो आधी खुली खिड़की, उम्मीद सुबह की जगाती है ,
हो कितनी भी अँधेरी रात , ये सुबह की पहली किरण लाती है।

वो आधी खुली खिड़की, बचपन का शोर मचाती है ,
कर्णप्रिय रुदन के साथ , कभी वो नन्ही सूरत भी दिख जाती है।

वो आधी खुली खिड़की, जीवन के रंग दिखाती है ,
कभी लड़ना कभी चहकना , कभी ये सुर में सुर मिलाती है।

वो आधी खुली खिड़की, प्यार की अंगड़ाई ले लेती है ,
कभी जब छुप - छुप कर वो ,अपना दीदार करवाती है।

ढोल-बाजे शहनाइयां , बेटी का जाना बहू का आना ,
वो आधी खुली खिड़की ने देखा, हर गुजरा हुआ ज़माना।

वो आधी खुली खिड़की, वियोग का दर्द भी बताती है ,
जब कभी खिड़की की आड़ में , वो इंतज़ार में आंसू बहाती है।

वो आधी खुली खिड़की, मातम का मंजर बन जाती है ,
जब अपनों को खो देने के बाद ,वो आधी खुली खिड़की बंद हो जाती है।

14. अपराधी

भाग रहा हूं खुद से, पर भाग के जाऊँगा कहाँ,
दोषी हूं मैं खुद का, इस दोष को छुपाऊँगा कहाँ।

❦❦❦

खुद मरता हूं हर रोज मैं, अब मौत की सज़ा पाउंगा कहाँ,
ये जीवन ही एक सजा है, अब यहां से जाऊँगा कहाँ।

❦❦❦

जो मिले एक मौका, सब सही कर जाऊँगा मैं ,
अबकी मौत अगर आए, तो मौत के आगे आ जाऊँगा मैं।

❦❦❦

उनके जाने के बाद, तिल तिल मैं रोज मरता हूं,
ऐसा कोई दिन नहीं, जब मैं उनको ना याद करता हूं।

❦❦❦

15. कश्ती कागज की

कश्ती कागज की हो तो , दरिया पार होता है क्या ,
ज़िंदगी उधार की हो तो , सच्चा प्यार होता है क्या।

टाइम-पास दोस्तों से , टाइम पास होता है क्या ,
जरुरत पड़े तो , इनमे से कोई आस-पास होता है क्या।

शरीर सुन्दर तो है , पर उम्र भर चलता है क्या ,
आत्मां की सुंदरता से , आदमी का काम चलता है क्या।

रिश्ते ना हों तो, सिर्फ पैसों से काम चलता है क्या ,
पास पैसे ना हों, तो कोई भी रिश्ता चलता है क्या।

सामान जोड़ते ज़िन्दगी गुजर दी , इसमें से कुछ भी साथ चलता है क्या ,
दो जोड़ी कपडे दो वक़्त की रोटी , बिना मतलब कोई भी देता है क्या।

दिल में जहर और बातों में शहद , ये सामने वाले को पता चलता है क्या ,

अंदर तूफ़ान और चहरे पे मेरे हसी, ये भी पता चलता है क्या।

16. बहुत तन्हा है ये शाम

बहुत तन्हा है ये शाम , ना कोई ग़म और खाली है ज़ाम,
सीने पे बोझ थे वो सारे आरोप, ख़त्म कर दिए सब खुद पे लेके इल्जाम।

बहुत तन्हा है ये शाम , होटों पे हसीं है और आँखें हैं नम,
आपने कभी अकेले नहीं छोड़ा हमें , आज भीड़ में भी अकेले हैं हम।

बहुत तन्हा है ये शाम, खुद से खुद की करते पहचान ,
पूरी दुनिया से मिलते थे , बस अपने आप से थे अनजान।

बहुत तन्हा है ये शाम, बहुत भाग लिया अब थोड़ा आराम ,
याद में गुजरते हैं दिन , बड़ी मुश्किल से गुजरती हैं शाम।

बहुत तन्हा है ये शाम, कि अपने झूठ हम खुद ही पकड़ रहे हैं,
खुद ही खुद को वजह दे रहे हैं , खुद ही कर रहे हम खुद को बदनाम।

17. ख्वाबों का शहर

ख्वाबों के शहर में एक घर हमारा होगा,
जंगल की छाँव में झील का किनारा होगा।

बारिश की बूँदें वो मिट्टी की खुशबू ,
हवाओं में झूलते फूलों का सहारा होगा।

बादलों के बीच से वो पहली किरण आएगी ,
वो पूरब की खिड़की होगी दूर तक नज़ारा होगा।

बादलों के पंख लगाकर वादियों में घूमेंगे हम ,
सावनों की झड़ी लगेगी तो मोरनी से झूमेंगे हम।

चांदनी रात में सितारों की सेज सजेगी ,
जुगनुओं का आँचल ओढ़े दुल्हन सी तू लगेगी।

क्या हसीं ख्वाब है इसे हक़ीक़त में करूँगा ,
चांदनी रात में मांग तेरी सितारों से भरूंगा।

18. मैं तेरा गुन्हेगार

करना था क्या और क्या कर गया हूँ, अनजाने में जुर्म कर गया हूँ,
प्यार था पर इंकार कर गया हूँ, मैं तेरा गुन्हेगार बन गया हूँ।

अपनी कहने में कुछ मशगूल रहा इतना, कि आपको सुनना भूल गया हूँ,
आपके अनकहे शब्दों का अपराधी हूँ मैं, ये नामाफी भूल कर गया हूँ।

आपकी आँखों में दर्द देख ना सका, आपके दर्द को नजरअंदाज कर गया हूँ,
जो ना सुधारी जा सके, ऐसी भूल कर गया हूँ।

माँगा आपने सिर्फ मेरा कुछ समय, आपके वो पल किसी और को दे गया हूँ,
दो पल भी ना दे सका आपको, अब एक-एक पल का मोहताज बन गया हूँ।

प्यार तो बहुत था, पर कुछ कह नहीं पाया कभी,
अब आपको खो चुका हूँ, मैं आपका गुन्हेगार बन गया हूँ।

दूसरों कि खातिर , अपनों को खो गया हूँ ,
अब आपका ही नहीं , खुद का भी गुन्हेगार बन गया हूँ।

19. जो कहना है कह दो !

जो कहना है कह दो !!
बात दिल में न रखो , जाहिर कर दो ,
क्या होगा कुछ लोग रूठ जायेंगे , रूठ जाने दो ,
क्या होगा कुछ साथ छूट जायेंगे , छूट जाने दो ,
क्या होगा कुछ दिल टूट जायेंगे , टूट जाने दो ,
क्या होगा कुछ लोग नफरत करेंगे , करने दो।

बातों को दिल में रखोगे , तो दर्द ही बढ़ाएंगे ,
बातों को दिल में रखोगे , तो गलतफहमियां बढ़ाएंगे ,
बातों को दिल में रखोगे , तो ये ज़हर बन जायेंगे ,
बातों को दिल में रखोगे , तो एक दिन तुम्हारे साथ चले जायेंगे।

इज़हार करो , इकरार करो ,इंकार करो पर कहो।
हो सकता है रूठे मान जाएँ , कह के तो देखो ,
हो सकता है नए रिश्ते जुड़ जाएँ , कह के तो देखो ,
हो सकता है तुम्हारी बात मरहम का काम करे , कह के तो देखो ,
हो सकता है किसी को तुमसे प्यार हो जाये , कह के तो देखो।

'कहोगे नहीं तो कुछ होगा भी नहीं ,
जो कहना है आज कहो , क्या पता कल है भी की नहीं। "

20. संवाद

झुकना भी जरुरी है , मुड़ना भी जरुरी है ,
रिश्तों के होने में और होने के एहसास में ,बहुत थोड़ी सी दूरी है।

❦❦❦

हममें और रेल कि पटरियों में ,कोई फर्क नहीं रह जायेगा ,
जो ना मुड़े तो रिश्ते तो होंगे ,पर बीच का फैसला ना मिट पायेगा।

❦❦❦

हो गयीं जो गलतियां, उनको सुधारना जरुरी है ,
जो छूट गए हैं पीछे , उनको पुकारना जरुरी है।

❦❦❦

नयी शुरुआत, कभी तो करनी होगी ,
जो कल करनी हो, तो आज ही करनी होगी।

❦❦❦

मेरा क्या जाता है , मैं ही झुक जाता हूँ ,
अपनों के लिए , मैं ही मुड़ जाता हूँ।

❦❦❦

मैं छोटा हूँ , मुझे माफ़ करो ,
मैं बड़ा हूँ, मैंने माफ़ किया।

❦❦❦

वोह कंधे वाले घोड़े की, सवारी याद है मुझे ,
वो तेरा बीच बाजार मचलना , याद है मुझे।

कहो तो दो कदम बढ़ा लूँ , चल आ तुझे गले लगा लूँ।
मैं भी कैसा पागल था , जैसा मैं था वैसा ही तू था।

21. नया कायदा

इस शहर की आत्मा मर गयी है , नैतिकता हद से ज्यादा गिर गयी है ,
मुर्दे शान से जीते हैं यहाँ , आदमी की गैरत अंदर तक मर गयी है।

कभी होते थे जो रिश्तेदार , आज करते हैं रिश्ते तार-तार ,
कभी कदमो में झुकते थे सर, आज नजर शर्म से झुक गयी है।

मुस्कुराहटें खिलती थीं, जहाँ ज़िन्दगी के बगीचों में ,
फूलों की जगह काँटों ने ली , दिलों में अब नफ़रतें भर गयी है।

मिलना- जुलना मेल- मिलाप , बस जब तक हैं माँ और बाप ,
अकेले खड़े रह जाते हैं , रिश्ते सारे जाने वाले के संग ही चले जाते हैं।

हमने भी अब जान लिया है , इस शहर का कायदा मान लिया है ,
हर दर्द को सह जाते हैं , कहते नहीं कुछ हर आंसू अपना पी जाते हैं।

22. नया साल कुछ नए हम

निकल गया ये साल, आगे बढ़े सब पीछे छूटा,
अपनों का अपनों से साथ भी है छूटा,
कभी ठेस लगी और कभी दिल भी टूटा,
कौन गलत कौन सही, जो बच सका उसको समेटा।

नये साल में जा रहे हम, दिल है उदास और भारी मन है ,
सिर्फ़ नया साल नहीं, ये अब नया समय है ।
अलग विचार और अब अलग विषय हैं।
जीवन जीना है और कुछ करके जाना है, बस ये निश्चय है।

जो चले गए वो याद रहेंगे, उनके आदर्श अब साथ रहेंगे।
जो साथ रहे उनको नमन है, बाकी सब का हार्दिक अभिनंदन है।

जो चले गए, वो जीवन थे मेरा।
अब इस रात का जाने कब होगा सवेरा।

मौन हूं क्यूंकि अशांत हूं, भावनाओं का सागर प्रशांत हूं।

तुमसे खफ़ा नहीं, पर हाँ चोट तो लगी है।
तुमसे ही क्या खुद से भी शिकायत है।

अपनी नाव को अब किनारे लगा रहा हूँ,
सागर का माही अब सागर छोड़ रहा हूं।

मेरे पिछले जीवन से मुझको अब मत आंकना,
मेरे इस सफर में आकर अब मत झाँकना।

धोखा खाओगे, शायद तुम मुझको पहचान नहीं पाओगे।
में अब में नहीं हूं , शायद कभी तुम जान पाओगे।

23. इश्क़ एक तरफ़ा

मौके आते हैं कई , और मौके निकल जाते हैं ,
कहना तो बहुत कुछ है , पर शब्द कम पढ़ जाते हैं।

तू मेरी चाहत थी , आज भी तुझे चाहते हैं ,
पर सामने जब आते हैं , तो शब्द कम पढ़ जाते हैं।

इश्क़ के सागर में गोते लगाते , आरजू बन कर लबों तक आते हैं ,
होटों को चूमते हैं और वापिस , इश्क़ के सागर में लौट जाते हैं।

ये भी इश्क़ का एक इजहार ही है , जिसमे अलफ़ाज़ अंदर ही रह जाते हैं ,
ये इश्क़ एक तरफ़ा है , इसलिये शब्द हर बार काम पड़ जाते हैं।

24. बेशरम इश्क

ये बेशरम इश्क है, भुलाए नहीं भूलेगा ।
तू किसी की भी हो जा, पर प्यार पहला मेरा ही रहेगा।

ये बेशरम इश्क है, हार नहीं मानेगा।
तू मुझे करे ना करे, ये तुझे ही चाहेगा।

ये बेशरम इश्क है, एक दिन इसका भी आएगा।
किसी रोज तुमको भी, मुझसे प्यार हो जाएगा।

25. किताब का फूल

पुरानी किताब में दबा हुआ , एक फूल हूँ मैं ,
किसी अधूरी मोहब्बत की, एक मीठी सी भूल हूँ मैं।

रंग गया, खुशबू भी ना बची ,
किस्सा मेरा दो पन्नों में , सिमट जाता है।

कैसे फिर भी , मेरा दीदार,
तेरे होटों पे , ये मुस्कान लता है।

अधूरा प्यार , अधूरी चाहतें,
मुझसे ज़िंदा हैं ये , अधूरी मोहब्बतें।

दो पल को , उस पल से मिलवाता हूँ में ,
खोये हुए प्यार की , याद दिलाता हूँ मैं।

26. Happy Independence Day

खुद को में से आजाद कर चुके हो, तो Happy Independence Day.

खुद को नफ़रतों से आजाद कर चुके हो, तो Happy Independence Day.

ये मेरा ये तेरा से खुद को आजाद कर चुके हो, तो Happy Independence Day.

किसी लड़की को देख कर अपनी बहन याद आ जाए, तो Happy Independence Day.

पब्लिक Property को Damage नहीं करते हो, तो Happy Independence Day.

यदि भारतीय होने पर गर्व है, तो Happy Independence Day.

देशभक्ति यदि Instagram के अलावा दिल में भी है, तो Happy Independence Day.

"अंत ये आरम्भ है , आरम्भ है अनंत का। "
- राहुल श्रीवास्तव

www.ingramcontent.com/pod-product-compliance
Lightning Source LLC
LaVergne TN
LVHW052005060526
838201LV00059B/3848
9798885914321